21 Días de Oración
AVIVAMIENTO

2.ª EDICIÓN

AUTOR: JOSE VÁSQUEZ
EDICIÓN Y DISEÑO: JOSHUA VÁSQUEZ

www.bethaniahouston.com info@bethaniahouston.com

VERSÍCULOS TOMADOS DE LA BIBLIA, VERSIONES REINA VALERA 1960 (RVR1960), NUEVA VERSIÓN INTERNACIONAL (NVI) Y LA BIBLIA DE LAS AMÉRICAS (LBLA).

INSTRUCCIONES:

Este libro se escribió con el fin de ayudar a todos aquellos que desean buscar el rostro de Dios a través de la oración, creyendo en la promesa que se encuentra en Jeremías 33:3: "Clama a mí y yo te responderé..." (RVR1960).

Establece un horario diario, ya sea por la mañana, al mediodía, por la tarde o por la noche, y comprométete a cumplir con los horarios que hayas fijado para la oración.

Por ejemplo, si programas un horario a las 5 de la mañana, mantenlo así durante los 21 días.

Puedes dedicar un tiempo diario, que incluya la lectura del tema y la audición del canto de adoración recomendado.

Para que estos días sean efectivos y tu oración sea escuchada, es importante que apliques a tu vida Mateo 6:12: "Perdónanos nuestras ofensas, como también nosotros hemos perdonado a nuestros ofensores" (NVI).

Estoy seguro de que después de estos 21 Días de Oración, experimentarás un cambio significativo. Serás bendecido de manera extraordinaria.

Así que, sin más, ¡comencemos este recorrido de empoderamiento!

LA PLAYLIST

CADA TEMA HA SIDO DISEÑADO PARA SER ACOMPAÑADO POR UNA CANCIÓN. ESCUCHA LA PLAYLIST ESPECIAL CREADA PARA LA GUÍA ESCANEANDO EL CÓDIGO QR.

ÍNDICE

Prólogo 11
Impresiones de 1.ª Edición 13
Día 1: Un Nuevo Comienzo 17
Día 2: Clama a Mí y Yo Te Responderé 20
Día 3: Quiero Más de Ti 22
Día 4: Pedid y Se Os Dará 24
Día 5: Él es Mi Deleite 26
Día 6: Dame de Beber 28
Día 7: Buscando el Reino de Dios 30
Día 8: Bajo la Sombra del Omnipotente 31
Día 9: Caminar sin Temor 33
Día 10: Guerrear sin Temor 35
Día 11: Armas Poderosas 37
Día 12: Ningún Arma Prosperará Contra Ti 39
Día 13: Vestíos de Toda la Armadura de Dios 41
Día 14: Tus Enemigos Están Derrotados 43
Día 15: Aderezas Mesa Delante de Mí 45
Día 16: No Estás Solo 47
Día 17: La Oración que Escucha el Señor 49
Día 18: ¿A Quién Iré? 51
Día 19: Si se Humillare Mi Pueblo 53
Día 20: La Gloria Postrera 55
Día 21: Lo Mejor De Tu Vida Está Por Venir 57

PRÓLOGO

Es un privilegio escribir el prólogo de un libro que, sin duda, será una herramienta clave para aquellos que desean profundizar su relación con Dios a través del ayuno y la oración. En tiempos en los que las distracciones de la vida diaria pueden desviar nuestro enfoque de lo verdaderamente importante, este libro nos invita a hacer una pausa intencional para reenfocarnos en lo esencial: nuestra comunión con el Señor.

A lo largo de mi ministerio, he visto el poder transformador del ayuno y la oración en la vida de muchas personas. Y no se trata de hacer simplemente rituales religiosos, sino de momentos en los que el Espíritu Santo obra de manera poderosa en nuestros corazones. Cuando ayunamos, apartamos lo terrenal para darle prioridad a lo eterno. Cuando oramos, alineamos nuestros caminos con los caminos divinos. Juntos, el ayuno y la oración nos llevan a una profundidad espiritual que permitirá ver el propósito de Dios para nuestra vida.

Mi querido amigo, el pastor José Vásquez, ha sido testigo de innumerables testimonios de personas cuyas vidas han sido cambiadas a través de la obediencia a estos principios bíblicos. Él, con humildad y sabiduría, nos guía en un viaje de 21 días, ofreciendo no solo un plan práctico, sino una rica enseñanza basada en las Sagradas Escrituras. Todo esto diseñado para despertar en cada uno de nosotros una pasión renovada por la presencia de Dios.

Este no es solo un libro que se lee, es un libro que se vive. A medida que avanzas en estos 21 días, te animo a que permitas que el Espíritu Santo ministre a tu corazón, que le des a Dios la oportunidad de hablarte y transformarte desde lo más profundo.

Que cada oración y cada día de ayuno se conviertan en una ofrenda agradable a los ojos del Señor, y que al final de este recorrido puedas experimentar un avivamiento personal que marque tu vida y la de aquellos que te rodean.

Con gratitud y expectativa, oro para que este tiempo de búsqueda intencional te acerque más que nunca a los propósitos que Dios tiene para ti.

En Cristo,

Juan Pablo Avelar
Apóstol, Misión Bethania
Quetzaltenango, GT

IMPRESIONES DE 1.ª EDICIÓN

Cada texto, cada canto y cada oración son una delicia, un auténtico AVIVAMIENTO y conexión, que nos bendice con sublime ternura. Gracias al extraordinario aporte del Pastor José Vásquez, podemos disfrutar de 21 días de amor profundo con nuestro Padre Celestial, el cual nos empodera cada día para recibir su gracia.

– JUAN MONTERROSO
ESCRITOR
QUETZALTENANGO, GT

Este libro, "21 Días de Oración", es una invitación apasionada y profundamente espiritual para transformar tu vida a través del poder de la oración.

La oración no es un intento de persuadir a Dios para que haga nuestra voluntad, sino una búsqueda sincera de conocer y cumplir Su propósito en nuestras vidas. Para ello, es fundamental estudiar las Escrituras y acercarnos a Dios conforme a Sus principios y naturaleza. Así podemos experimentar un verdadero avivamiento interior que transforma todas las áreas de nuestra vida. Nos lleva a abandonar el "yo" por el "nosotros", a vivir los valores del reino de Dios y a desarrollar una dependencia total de Él.

Los más grandes avivamientos de la historia han surgido de movimientos de oración, siempre respaldados por una compresión profunda y práctica de la teología.

Mi amigo José Vásquez nos ofrece una herramienta valiosa para lograrlo. En cada capítulo, comparte poderosos mensajes bíblicos, declaraciones de vida y oraciones guiadas que nos inician en un necesario proceso de transformación en nuestra forma de pensar, sentir y vivir.

Este libro es más que una guía; es un faro de esperanza que nos recuerda que, con fe, las promesas de Dios son SI y AMEN para cada uno de nosotros. Lo recomiendo ampliamente como un recurso para perseverar juntos en la intimidad, adoración y el conocimiento de Cristo.

¡Espero que, al trabajar en él, puedas fortalecer tus disciplinas espirituales y disfrutar plenamente cada momento de comunión con el Padre!

– JOSÉ FÉLIX, JR.
PASTOR, IGLESIA VERGEL
GUADALAJARA, MX

REVIVAL/AVIVAMIENTO nació en el corazón de Dios cuando Él puso en el corazón de mi pastor, José Vásquez, la iniciativa de llevar a cabo 21 días de oración. El pastor José, con varios años de experiencia en el ministerio pastoral, cuenta con un amplio conocimiento y un testimonio sólido. Fue el Espíritu Santo quien le reveló, de manera especial, cada tema que debía incluir en este proyecto, permitiendo que nosotros, los lectores, seamos edificados, transformados y fortalecidos en la fe.

Al leer los 21 temas diarios de oración, fui edificado de una manera sencilla y directa que llegó profundamente a mi corazón. Esta experiencia no solo aumentó mi fe, sino que también me enseñó a creer, obedecer y practicar la Palabra de Dios. De esta forma, las promesas divinas de bienestar se cumplen en nuestras vidas.

Quiero destacar que este libro ha sido una gran bendición para mi familia. Nos ha unido más en oración, especialmente al recordar a nuestra hija Andrea, quien está fuera del país. Mi esposa, Karina, y yo solíamos realizar un "Altar familiar" en casa con nuestros hijos una o dos veces al mes. Sin embargo, después de participar en los 21 días de oración, ahora nos reunimos todos los lunes, sin excepción, y en ocasiones adicionales. Nos conectamos a través de plataformas digitales, oramos juntos y hemos sido grandemente bendecidos por las respuestas de Dios.

La mayor bendición de este libro es que está diseñado para toda la comunidad. Para quienes conocemos a Jesús, nos ayuda a fortalecer nuestra relación con Él. Para aquellos que aún no lo conocen, esta herramienta será una bendición que les mostrará el camino hacia una vida transformada, edificada y llena de esperanza con Jesús en el corazón. Estoy seguro de que quienes lean este libro y participen en los 21 días de oración serán personas renovadas, felices y bendecidas, viviendo el cumplimiento del tema 21: "Lo mejor de sus vidas está por venir.

—ARMANDO TAX
HOUSTON, TX

DÍA 1
UN NUEVO COMIENZO

Base Bíblica:
Josué se levantó de mañana, y él y todos los hijos de Israel partieron de Sitim y vinieron hasta el Jordán, y reposaron allí antes de pasarlo. Y después de tres días, los oficiales recorrieron el campamento, y mandaron al pueblo, diciendo: Cuando veáis el arca del pacto de Jehová vuestro Dios, y los levitas sacerdotes que la llevan, vosotros saldréis de vuestro lugar y marcharéis en pos de ella, a fin de que sepáis el camino por donde habéis de ir; por cuanto vosotros no habéis pasado antes de ahora por este camino. Pero entre vosotros y ella haya distancia como de dos mil codos; no os acercaréis a ella. Y Josué dijo al pueblo: Santificaos, porque Jehová hará mañana maravillas entre vosotros. Y habló Josué a los sacerdotes, diciendo: Tomad el arca del pacto, y pasad delante del pueblo. Y ellos tomaron el arca del pacto y fueron delante del pueblo. Entonces Jehová dijo a Josué: Desde este día comenzaré a engrandecerte delante de los ojos de todo Israel, para que entiendan que como estuve con Moisés, así estaré contigo.

JOSUÉ 3:1-7 (RVR 1960)

Un nuevo comienzo es el punto de partida donde nacen y surgen nuevas ideas y retos para alcanzar objetivos inéditos, permitiéndonos obtener un estilo de vida que nunca antes habíamos experimentado.

Hoy, iniciamos 21 Días de Oración, donde estoy seguro de que nuestro Padre Celestial se manifestará en tu vida. Así que esfuérzate y sigue hasta el final de los 21 días; no te desconectes por ningún motivo.

Quiero compartir contigo tres puntos importantes que encuentro en este capítulo:

- **De mañana**

  Josué 3:1 – Josué se levantó de mañana, y él y todos los hijos de Israel partieron de Sitim y vinieron hasta el Jordán, y reposaron allí antes de pasarlo.

  Levantarse por la mañana implica salir de nuestra zona de confort. Hoy es el momento de no solo levantarnos, sino también de avanzar. Nadie se levanta por la mañana para luego quedarse en el mismo lugar. La Biblia relata que Josué y el pueblo de Israel partieron de Sitim; y la palabra 'partieron' es equivalente a decir 'avanzaron'. Así que hoy, nos levantamos en oración por la mañana, con la intención de avanzar en todo tiempo.

- **Consagración**

  Josué 3:5 – Y Josué dijo al pueblo: Santificaos, porque Jehová hará mañana maravillas entre vosotros.

  Es importante entender que durante estos 21 Días de Oración también deben ser días de consagración.

  No podemos orar y al mismo tiempo pecar, ya que de nada servirá pedirle a Dios que nos ayude si bloqueamos nosotros mismos la respuesta a nuestras peticiones.

  En este tiempo, santifiquémonos y consagrémonos, y veremos cómo Él obrará maravillas en nuestras vidas, ministerio, matrimonio, familia, trabajos, finanzas y empresas. (Lee Mateo 6:33)

- **Te Engrandeceré**

  Josué 3:7 – Entonces Jehová dijo a Josué: Desde este día comenzaré a engrandecerte delante de los ojos de todo Israel, para que entiendan que como estuve con Moisés, así estaré contigo.

  Este será el resultado de los primeros dos puntos: Si somos diligentes a partir de hoy en buscar el rostro del Señor en oración y nos consagramos a Él, seremos engrandecidos; es decir, la mano del Señor estará siempre sobre nosotros, y la victoria será nuestra.

  No importa lo que se oponga a ti; desde ahora, serás más que vencedor porque Él está contigo.

DECLARACIÓN DE VIDA:

No moriré, sino que viviré, y contaré las obras de mi Señor. Viviré bendecido, prosperado y en victoria, ¡porque lo mejor de mi vida, está por venir!

ORACIÓN:

Padre, en este día, quiero levantarme para buscar tu rostro todos los días. Solo te pido que me ayudes a ser fuerte para no pecar, a consagrarme a ti y a llenarme con tu precioso Santo Espíritu. En el poderoso nombre de Jesús. Amén.

MÚSICA:

"Ven Espíritu Ven" por Marco Barrientos

DÍA 2
CLAMA A MÍ Y YO TE RESPONDERÉ

Base Bíblica:
Vino palabra de Jehová a Jeremías la segunda vez, estando él aún preso en el patio de la cárcel, diciendo: Así ha dicho Jehová, que hizo la tierra, Jehová que la formó para afirmarla; Jehová es su nombre: Clama a mí, y yo te responderé, y te enseñaré cosas grandes y ocultas que tú no conoces.

JEREMÍAS 33:1-3 (RVR 1960)

El anhelo de Dios es que nosotros nos levantemos a clamar, no importando la situación en la que nos encontramos, Él siempre nos hablará.

- **CLAMA A MÍ:**
  Jeremías estaba preso cuando el Señor le habla diciendo clama a mí, No sé en qué situación te encuentres, pero aun así estoy seguro de que el Señor te ha hablado de muchas formas para que tú le hables, para que ores y clames a Él.

- **Y YO TE RESPONDERÉ:**
  Él responderá todas las peticiones de tu corazón, Él es un Dios vivo que inclina sus oídos a los que le temen.

- **Y TE ENSEÑARÉ COSAS GRANDES QUE TÚ NO CONOCES:**
  Como resultado de clamar a Él de todo corazón, la persona es liberada de la cárcel donde ha vivido por mucho tiempo, quizás no es una cárcel literal como donde estaba Jeremías, quizás una cárcel de la incredulidad, comodidad mental, falta de fe.

Al clamar seremos llevados a otro nivel donde experimentaremos el poder de Dios como nunca antes y en todas las áreas de nuestras vidas.

DECLARACIÓN DE VIDA:

No moriré, sino que viviré, y contaré las obras de mi Señor. Viviré bendecido, prosperado y en victoria, ¡porque lo mejor de mi vida, está por venir!

ORACIÓN:

Mi Señor, hoy clamo a ti como Jeremías. Quizás no estoy en una cárcel literal, pero tal vez, sin darme cuenta, estoy viviendo en la cárcel de la incredulidad, la conformidad, el odio y el resentimiento. Te pido perdón y sé que Tú me haces libre en este momento. Úsame y que vivas en mí, en el nombre de Jesús. Amén.

MÚSICA:

"Lo Harás Otra Vez (Do It Again)" *por Elevation Worship*

DÍA 3
QUIERO MÁS DE TI

Base Bíblica:
¿A quién tengo en el cielo sino a ti? Si estoy contigo, ya nada quiero en la tierra. Podrán desfallecer mi cuerpo y mi corazón, pero Dios es la roca de mi corazón; él es mi herencia eterna.

SALMOS 73:25-26 (NVI)

Nuestra oración siempre debe ser: "Señor, quiero más de ti."

"Quiero más de ti" significa que no podemos vivir sin su presencia.

"Quiero que vivas en mí."

Cuando Él vive en nosotros, las cosas cambian; somos empoderados y transformados.

Él nos dice en su palabra que nos dará lo que le pedimos.

No tenemos a nadie más a quien acudir para que nos ayude, porque no hay otro nombre bajo el cielo dado a los hombres en quien podemos ser salvos.

Por eso, hoy es el día en que debemos pedirle y decirle: "¡Quiero más de ti!"

DECLARACIÓN DE VIDA:
No moriré, sino que viviré, y contaré las obras de mi Señor. Viviré bendecido, prosperado y en victoria, ¡porque lo mejor de mi vida, está por venir!

ORACIÓN:
Señor, ayúdame a ser más como tú, que pueda caminar en tu voluntad en todo tiempo, quiero más de ti, porque quiero ser como tú. ¡Amén!

MÚSICA:
"Yo Quiero Más De Ti" *por Jaime Murrell*

DÍA 4
PEDID Y SE OS DARÁ

Basé Bíblica:
Pedid, y se os dará; buscad, y hallaréis; llamad, y se os abrirá. Porque todo aquel que pide, recibe; y el que busca, halla; y al que llama, se le abrirá.

MATEO 7:7-8 (RVR1960)

Es importante que entendamos que si pedimos, recibiremos. Para esto hay que tener fe, nadie recibe algo si no pide.

¡Pedid!

¿Qué esperas de este año o en este tiempo?

Mi pregunta es: ¿se lo has pedido a Dios? Y si no lo has hecho, hoy es el día en que todos podemos clamar y pedir al Señor lo que necesitamos, lo que queremos o lo que anhelamos.

Pero para recibir lo que pedimos, es necesario que nos levantemos a buscar lo que anhelamos en oración y ayuno.

Al levantarnos a buscar, lo siguiente es tocar puertas, y de esa manera se nos abrirán las puertas para entrar en la zona de bendición del Reino de Dios.

Declara que los cielos se abren sobre tu vida.

DECLARACIÓN DE VIDA:

No moriré, sino que viviré, y contaré las obras de mi Señor. Viviré bendecido, prosperado y en victoria, ¡porque lo mejor de mi vida, está por venir!

ORACIÓN:

Padre que estás en los cielos, en esta hora te pido que me ayudes a creer en tu palabra, que tú me des la sabiduría como buscar las bendiciones que viene de ti y cada día ver cielos abiertos sobre mi vida, familia y ministerio. Amén.

MÚSICA:

"Cuanto Más Te Busco" *por Centro Vida*

DÍA 5
ÉL ES MI DELEITE

Base Bíblica:
Deléitate asimismo en Jehová, Y él te concederá las peticiones de tu corazón.

SALMOS 37:4 (RVR1960)

¿Cuál es tu deleite?

En este versículo, el salmista nos invita a deleitarnos en nuestro Dios, a apasionarnos por Él, para que nuestras peticiones sean escuchadas. Así, queda claro que lo que debemos hacer para recibir lo que necesitamos de Él es entregarnos con pasión y deleite en su presencia.

Deleite: es una palabra muy simple de pronunciar, pero, sin embargo, es una palabra que implica compromiso con Dios.

¿Compromiso en qué?
En regocijarnos en su palabra, en servirle; cada vez que seamos llamados a servir, orar, ayunar, clamar o leer su palabra, que lo hagamos con mucha alegría, con mucha pasión, con mucho amor, y que no lo hagamos solo para ser vistos, sino que lo hagamos de todo corazón.

Te invito a que, durante estos 21 días de oración, lo hagas con gozo y alegría, permitiendo que haya satisfacción en tu corazón. Estoy seguro de que Él se manifestará en tu vida.

- Te concederá las peticiones de tu corazón.
  Creo que todos deseamos que nuestras peticiones sean contestadas; simplemente necesitamos seguir lo que indica el primer punto: deleitarnos en Él. Veremos cómo Dios nos sorprenderá en todo tiempo; solo tienes que creer. ¿No te he dicho que, si crees, verás la gloria de Dios? (Juan 11:40, RVR1960).

DECLARACIÓN DE VIDA:

No moriré, sino que viviré, y contaré las obras de mi Señor.
Viviré bendecido, prosperado y en victoria, ¡porque lo mejor de mi vida, está por venir!

ORACIÓN:

Padre bueno, quiero entregarte mi voluntad y que tú seas el gozo de mi vida porque te necesito, entiendo que sin ti no soy nada, te pido que me ayudes a deleitarme en ti en todo tiempo. En el nombre de Jesús. ¡Amén!

MÚSICA:

"Solo Cristo (None But Jesus)" *por Hillsong UNITED*

DÍA 6
DAME DE BEBER

Base Bíblica:
Respondió Jesús y le dijo: Cualquiera que bebiere de esta agua, volverá a tener sed; mas el que bebiere del agua que yo le daré, no tendrá sed jamás; sino que el agua que yo le daré será en él una fuente de agua que salte para vida eterna.

JUAN 4:13-14 (RVR1960)

Lo mejor que Podemos hacer en esta vida es buscar la presencia de Dios, porque solamente Él puede satisfacer nuestras necesidades.

Este mundo ofrece tantos placeres: riqueza, fama, alcohol y toda clase de vicios. Las personas se refugian en todas estas cosas para sentirse bien o buscan consuelo en ellas para experimentar paz.

Sin embargo, podrán sentirse bien por un momento, pero jamás encontrarán una verdadera paz en sus corazones, ya que siempre se sentirán vacíos. Todos los que buscan al Señor tendrán vida, experimentarán paz y se sentirán satisfechos en todo momento, porque Cristo es quien suple sus necesidades.

La mujer samaritana iba a sacar agua de aquel pozo solo para satisfacer momentáneamente su sed y la de las personas que le rodeaban, su familia. De la misma manera, en estos días, las personas se enfocan tanto en lo material para suplir sus necesidades. Pero si comenzamos a pedirle al Señor que nos ayude, estoy seguro de que no tendremos sed de aquello que es corruptible. Él satisfará tu sed en todo tiempo y te irá bien.

DECLARACIÓN DE VIDA:

No moriré, sino que viviré, y contaré las obras de mi Señor. Viviré bendecido, prosperado y en victoria, ¡porque lo mejor de mi vida, está por venir!

ORACIÓN:

Señor Jesús, en este día quiero beber de tu presencia, deseo llenarme de tu poder y que ríos de agua viva salten dentro de mí, proporcionándome vida en abundancia. Amén.

MÚSICA:

"Dame de Beber" *por Marco Barrientos*

DÍA 7
BUSCANDO EL REINO DE DIOS

Base Bíblica:
Más buscad primeramente el reino de Dios y su justicia, y todas estas cosas os serán añadidas.

MATEO 6:33 (RVR1960)

Hoy es el momento de empezar a buscar el Reino de Dios, ya que solo en su Reino encontramos plenitud de gozo. Dado que esta promesa es para nosotros, no esperemos más ni tengamos miedo de entrar en el Reino de Dios y su justicia. Estoy seguro de que, en esta nueva temporada de tu vida, Él estará contigo y nada te faltará.

Jehová es mi pastor; nada me faltará.
Salmos 23:1 (RVR1960)

DECLARACIÓN DE VIDA:
No moriré, sino que viviré, y contaré las obras de mi Señor. Viviré bendecido, prosperado y en victoria, ¡porque lo mejor de mi vida, está por venir!

ORACIÓN:
Señor Jesús, enséñame a caminar en tu Reino y a recibir las bendiciones que tienes para mí. Solo te pido hoy que suplas mis necesidades y me guíes en la senda de la justicia. Amén.

MÚSICA:
"Padre Nuestro (feat. Marco Barrientos)" *por Bethel Music & Jenn Johnson*

DÍA 8
BAJO LA SOMBRA DEL OMNIPOTENTE

Base Bíblica:
El que habita al abrigo del Altísimo Morará bajo la sombra del Omnipotente.

SALMOS 91:1 (RVR1960)

Tenemos un Padre que pelea por nosotros. Aunque el enemigo, el diablo, envíe sus dardos para dañarte o herirte, si estás bajo la protección de Dios, las adversidades pueden surgir una y otra vez, pero no te vencerán. Confía en Dios; Él siempre estará allí para guardarte, siempre y cuando permanezcas bajo su cobertura.

¿Cómo permanecer bajo la sombra del omnipotente?

Nos mantenemos bajo su protección cuando perseveramos en Él en todo momento. Por eso (no sé cuál es la situación que estás atravesando hoy) sé fuerte y sé valiente, no desmayes, porque Él está cuidando de tu vida. Tiene control sobre todas las cosas que estás experimentando en este día. Él te dice: "Nada te hará daño porque Yo estoy contigo, Yo te cubro".

¡Ánimo! Que todo estará bien.

DECLARACIÓN DE VIDA:
No moriré, sino que viviré, y contaré las obras de mi Señor. Viviré bendecido, prosperado y en victoria, ¡porque lo mejor de mi vida, está por venir!

ORACIÓN:
Padre, te pido hoy que me des fuerzas para seguir de pie. Reconozco que sin ti no podré llegar a ningún lado, y que con mis propias fuerzas no me mantendré firme. Sin embargo, al estar bajo tu protección, estaré seguro. Cuídame en todos los procesos que atravieso en mi vida y protege mi familia. En el nombre de Jesús. Amén.

MÚSICA:
"Cadenas Romper" *por Christian Josué*

DÍA 9
CAMINAR SIN TEMOR

Base Bíblica:
Desde los días de Juan el Bautista hasta ahora, el reino de los cielos sufre violencia, y los violentos lo arrebatan.

MATEO 11:12 (RVR1960)

El violento es una persona que actúa con ímpetu y fuerza, alguien que no está en su natural estado, que usa fuerzas extraordinarias. Pasa de lo natural a lo sobrenatural.

Nuestro Dios nos ha dado un espíritu de poder, de amor y de dominio propio, Él nos ha dado el poder de pelear por nuestras bendiciones, estamos llamados para:

- Ser violentos, que no tengamos miedo ante las adversidades, ante las dificultades, sino usar toda la fuerza que Él nos ha dado para pelear contra las fuerzas de las tinieblas, debemos de actuar como verdaderos soldados de Cristo con una mente positiva, con un espíritu de ganador y no de perdedor, debemos de usar toda la fuerza que Él nos ha dado. Hoy estás invitado a pelear por tu ciudad, por tu iglesia, por tu matrimonio, por tu familia, por tu trabajo, por tus finanzas y por tu empresa.
- Arrebatar lo que te pertenece; recuerda que para eso es importante que busquemos el reino de Dios y su justicia Mateo 6:33.

Toma lo que te pertenece. Después de una guerra, o más precisamente, después de la victoria, los soldados regresan, aunque heridos, agotados, pero siempre con el botín. Esto significa que arrebatan las riquezas del lugar que han conquistado. Por eso, hoy debemos aprender a reclamar lo que nos pertenece.

DECLARACIÓN DE VIDA:
No moriré, sino que viviré, y contaré las obras de mi Señor. Viviré bendecido, prosperado y en victoria, ¡porque lo mejor de mi vida, está por venir!

ORACIÓN:
Querido Padre celestial, te agradezco por darme un espíritu de poder. Ayúdame a convertirme en alguien capaz de luchar por mi ciudad, iglesia, matrimonio, familia, trabajo, finanzas y empresa. Permíteme ser valiente como aquellos que saben reclamar tu Reino aquí en la tierra. En el nombre de Jesús, amén.

MÚSICA:
"TUYO ES EL REINO Y LA GLORIA" *por Alejandro 1911*

DÍA 10
GUERREAR SIN TEMOR

Base Bíblica:
También de los de Gad se pasaron a David en la fortaleza en el desierto, hombres fuertes y valientes, entrenados para la guerra, diestros con el escudo y la lanza, cuyos rostros eran como rostros de leones, y eran tan ligeros como las gacelas sobre los montes.

1 CRÓNICAS 12:8 (LBLA)

Este versículo nos invita a comportarnos como hombres y mujeres de Dios, con un espíritu valiente y no débil. Hoy, más que nunca, debemos buscar el rostro del Señor en oración. Debemos doblar nuestras rodillas, ya que así es como ganaremos la batalla. El Señor te ha dado poder, así que no temas. Levántate y pelea.

Si tienes que llorar, llora; si tienes que sufrir, sufre; si tienes que correr, corre, pero no te detengas por nada ni por nadie. Sigue el blanco hasta llegar y ser un ganador. Ya es suficiente de poner rostro de víctima. Nunca actúes como víctima de las adversidades y de las circunstancias difíciles que puedas atravesar. Usa tu máximo potencial y pelea con coraje, porque el Señor te dice hoy las mismas palabras que le dijo a Josué 1:9: "Mira que te mando que te esfuerces y seas valiente; no temas ni desmayes, porque Jehová tu Dios estará contigo dondequiera que vayas."

Pelea, como un león, muestra un rostro valiente como el de un león. Los leones van seguros a cazar sus presas y al final se llevan la recompensa. Así que sigue peleando por tu bendición a través de la oración, porque el León de la Tribu de Judá está de tu lado.

DECLARACIÓN DE VIDA:

No moriré, sino que viviré, y contaré las obras de mi Señor. Viviré bendecido, prosperado y en victoria, ¡porque lo mejor de mi vida, está por venir!

ORACIÓN:

Señor amado, gracias porque me has hecho más que un ganador. En Ti, conquistaré todo lo que debo conquistar en este tiempo, y todo será para la gloria de Tu nombre. Hoy renuncio a toda actitud de víctima. Comienzo a actuar y a pelear con coraje y valor porque sé que estás conmigo. Este es el día que Tú hiciste para mí, y ya no seré el mismo. Gracias, Señor. Amén. (Ahora, realiza una oración de guerra espiritual)

MÚSICA:

"León de Judá" por Grupo Inspiración

DÍA 11
ARMAS PODEROSAS

Base Bíblica:
Pues aunque andamos en la carne, no militamos según la carne; porque las armas de nuestra milicia no son carnales, sino poderosas en Dios para la destrucción de fortalezas,

2 CORINTIOS 10:3-4 (RVR1960)

Hoy estamos en el día número once de oración, y estoy seguro de que durante este tiempo el Señor te ha hablado y has sido fortalecido; ya no eres el mismo de antes.

Hay algo que el Señor está avivando en ti; el Espíritu Santo te está llenando de su poder y te está elevando a otro nivel. Él nunca nos pide algo sin antes adiestrarnos; cambia nuestras vidas para que crezcamos. La palabra hoy es que, aunque vivimos en este mundo, no actuaremos ni dependeremos de recursos naturales para salir adelante. En cambio, el Señor nos insta a usar las armas que Él nos ha dado, y estas armas son poderosas para destruir fortalezas.

El enemigo ha levantado fortalezas para destruir, ciudades, hombres, mujeres, matrimonios, familias y empresas, pero hoy es el día en que debemos orar en todo momento y pelear contra las fuerzas de las tinieblas. La oración es una arma poderosísima para destruir todo lo que se levanta en nuestra contra. No sé qué tipo de fortalezas te están obstaculizando hoy: fortalezas que te han mantenido estancado, fortalezas de temores, de pobreza, enfermedad, depresión, baja autoestima, rencor, odio, resentimiento, etc.

Hoy toma tu espada y comienza a destruir toda fortaleza en el nombre de Jesús.

DECLARACIÓN DE VIDA:

No moriré, sino que viviré, y contaré las obras de mi Señor. Viviré bendecido, prosperado y en victoria, ¡porque lo mejor de mi vida, está por venir!

ORACIÓN:

Mi Señor Jesús, en tu nombre, me levanto para destruir todas las fortalezas que me han mantenido en un estado pasivo y estancado. Hoy, con tu ayuda y poder, derribo todas las fortalezas de dolor, falta de perdón y odio, así como las fortalezas de maldición. Agradezco porque soy parte de la milicia celestial. Amén.

MÚSICA:

"Lo Harás Otra Vez (Do It Again)" por Elevation Worship

DÍA 12
NINGÚN ARMA PROSPERARÁ CONTRA TI

Base Bíblica:
Ninguna arma forjada contra ti prosperará, y condenarás toda lengua que se levante contra ti en juicio. Esta es la herencia de los siervos de Jehová, y su salvación de mí vendrá, dijo Jehová.

ISAÍAS 54:17 (RVR1960)

Debemos entender que, al pelear contra el enemigo, él se levantará en nuestra contra, pero debemos confiar y refugiarnos en nuestro Dios, porque Él jamás nos dejará solos.

El enemigo usará todo su arsenal para intentar detenernos e incluso destruirnos. Sin embargo, la buena noticia es la promesa de que ninguna arma forjada contra nosotros prosperará.

Estamos bajo la sombra del Todopoderoso y, como aprendimos en la lección anterior, contamos con armas poderosas en Dios, capaces de destruir cualquier ataque del enemigo.

¡Sí! Si Él está con nosotros, ¿quién contra nosotros?

Con esta confesión de la Palabra, podemos erguirnos como buenos soldados, porque estamos cubiertos por el Todopoderoso.

Pueden venir dardos contra ti, pero no te tocarán ni te dañarán. ¡Ánimo, guerrero y guerrera de Jehová de los ejércitos!

DECLARACIÓN DE VIDA:
No moriré, sino que viviré, y contaré las obras de mi Señor. Viviré bendecido, prosperado y en victoria, ¡porque lo mejor de mi vida, está por venir!

ORACIÓN:
Gracias, Señor, porque Tú eres mi protector. Se levante lo que se levante contra mí, estaré bien; más aún, condenaré toda lengua que se levante, y nada prosperará en mi contra. Yo prosperaré y veré tu bondad y gloria sobre mí. En el nombre de Jesús. Amén.

MÚSICA:
"Ningún Arma Contra mí" *por Fernel Monroy*

DÍA 13

VESTÍOS DE TODA LA ARMADURA DE DIOS

Base Bíblica:
Por lo demás, hermanos míos, fortaleceos en el Señor, y en el poder de su fuerza. Vestíos de toda la armadura de Dios, para que podáis estar firmes contra las asechanzas del diablo. Porque no tenemos lucha contra sangre y carne, sino contra principados, contra potestades, contra los gobernadores de las tinieblas de este siglo, contra huestes espirituales de maldad en las regiones celestes. Por tanto, tomad toda la armadura de Dios, para que podáis resistir en el día malo, y habiendo acabado todo, estar firmes. Estad, pues, firmes, ceñidos vuestros lomos con la verdad, y vestidos con la coraza de justicia, y calzados los pies con el apresto del evangelio de la paz. Sobre todo, tomad el escudo de la fe, con que podáis apagar todos los dardos de fuego del maligno. Y tomad el yelmo de la salvación, y la espada del Espíritu, que es la palabra de Dios; orando en todo tiempo con toda oración y súplica en el Espíritu, y velando en ello con toda perseverancia y súplica por todos los santos.

EFESIOS 6:10-18 (RVR1960)

La palabra "fortaleceos" se deriva del término griego *dunamis*, que significa poder. En pocas palabras, este versículo nos invita a fortalecernos en Su poder, a llenarnos de Él y a vivir en Su fuerza.

¿Cómo logramos tener ese poder? Es muy simple: somos fortalecidos cuando oramos, ayunamos y nos consagramos para Él. También cuando nos comprometemos a ser como Él, leemos Su Palabra, escuchamos Su voz, seguimos Sus instrucciones y buscamos Su rostro con sinceridad.

Cuando hacemos esto, nos convertimos en cristianos resistentes, fuertes y empoderados, y el enemigo no podrá vencernos fácilmente. Ninguna estrategia del enemigo funcionará contra nosotros cuando somos empoderados por el *dunamis* de Dios.

Hechos 1:8 (RVR 1960) dice: "... recibiréis poder cuando haya venido sobre vosotros el Espíritu Santo".

Nuestra lucha no es contra sangre y carne.

No estamos guerreando contra ninguna persona, sino contra todo espíritu de maldad que tiene influencia sobre cada persona, matrimonio, hogar, barrio, ciudad, estado y nación. Por esta razón, debemos tomar toda la armadura que el Señor nos ha dado para enfrentar al enemigo, porque de otra manera no podremos vencer con nuestras propias fuerzas.

Usemos la verdad, la espada de dos filos que es la palabra de Dios, la fe y oremos en todo tiempo.

DECLARACIÓN DE VIDA:
No moriré, sino que viviré, y contaré las obras de mi Señor. Viviré bendecido, prosperado y en victoria, ¡porque lo mejor de mi vida, está por venir!

ORACIÓN:
Padre, hoy más que nunca, necesito de tu poder. Lléname con el poder de tu Espíritu Santo. Reconozco que con mis propias fuerzas no podré avanzar. Por eso, hoy te necesito para seguir adelante y poder llegar a donde me has llamado, siendo fiel en todo momento.

MÚSICA:
“Hagamos Guerra Espiritual” por Marco Barrientos
“Por La Sangre” por Marco Barrientos

DÍA 14
TUS ENEMIGOS ESTÁN DERROTADOS

Base Bíblica:
Jehová derrotará a tus enemigos que se levantaren contra ti; por un camino saldrán contra ti, y por siete caminos huirán de delante de ti. Jehová te enviará su bendición sobre tus graneros, y sobre todo aquello en que pusieres tu mano; y te bendecirá en la tierra que Jehová tu Dios te da. Te confirmará Jehová por pueblo santo suyo, como te lo ha jurado, cuando guardares los mandamientos de Jehová tu Dios, y anduvieres en sus caminos.

DEUTERONOMIO 28:7-9 (RVR1960)

El diablo, nuestro adversario, trabaja incansablemente buscando formas de destruir a los hijos de Dios. Sin embargo, tenemos una promesa para quienes pertenecemos al ejército de Dios. Estos 21 días de oración son un clamor a nuestro Padre Celestial para que nos dé la sabiduría necesaria para vencer al enemigo y contrarrestar las estrategias que ha empleado para mantener cautivas a las personas.

Ciertamente, el enemigo vendrá con todas sus fuerzas y buscará toda estrategia posible, guiando a sus demonios en campañas bélicas contra la iglesia. Pero nosotros, como hijos de Dios, estamos seguros en Él.

En toda estrategia militar, siempre se considera un plan B. Si el avance se detiene o los soldados se ven acorralados, se incluyen varias rutas de escape. Nuestro enemigo, en su estrategia contra la iglesia, no solo contempla una o cinco salidas de escape, sino siete. ¿Por qué siete? Porque sabe que está derrotado.

Aunque intente una y otra vez destruirnos, no podrá. Solo debemos resistir y mantenernos firmes, porque la victoria siempre es nuestra en Cristo Jesús. ¡Amén!

DECLARACIÓN DE VIDA:

No moriré, sino que viviré, y contaré las obras de mi Señor. Viviré bendecido, prosperado y en victoria, ¡porque lo mejor de mi vida, está por venir!

ORACIÓN:

Gracias, amado Dios, porque cuidas de mí. Por favor, ayúdame en todo momento a entender los tiempos y a destruir toda estrategia del enemigo. Que ninguna campaña bélica y demoníaca en mi contra prospere; más bien, que sean destruidas y que mis enemigos sean confundidos en el nombre de Jesús.

MÚSICA:

"Los De Nuestro Lado" *por Marco Barrientos*
"No Es Con Fuerza" por Marco Barrientos

DÍA 15
ADEREZAS MESA DELANTE DE MÍ

Base Bíblica:
Jehová es mi pastor; nada me faltará. En lugares de delicados pastos me hará descansar; Junto a aguas de reposo me pastoreará. Confortará mi alma; Me guiará por sendas de justicia por amor de su nombre. Aunque ande en valle de sombra de muerte, No temeré mal alguno, porque tú estarás conmigo; Tu vara y tu cayado me infundirán aliento. Aderezas mesa delante de mí en presencia de mis angustiadores; Unges mi cabeza con aceite; mi copa está rebosando. Ciertamente el bien y la misericordia me seguirán todos los días de mi vida, Y en la casa de Jehová moraré por largos días.

SALMOS 23:1-6 (RVR1960)

Del 16 al 19 de noviembre de 2023, asistí a un Track Outdoor de Potencial (TOP) de Legendarios en Guadalajara, Jalisco, México. Al llegar, descubrí que mi maleta no había llegado. En el área de reclamo de equipaje me informaron que debía esperar entre 24 y 72 horas para obtener una respuesta sobre su paradero. En esa maleta llevaba todo mi equipo para subir a la montaña. Desesperado en el aeropuerto, pensé en regresar a Houston en ese momento y no participar en el TOP, donde ya había sido convocado para predicar.

Sin embargo, decidí sentarme en la salida del aeropuerto, calmarme y tomar un café. Después llamé a un Uber y continué mi camino hacia la montaña.

Al llegar a la iglesia donde estaban reunidos mis compañeros, les conté lo que había sucedido. Todos se unieron para ayudarme, y así pude conseguir todo lo que necesitaba para la montaña. Aun estando allá, el enemigo intentó desanimarme, pero puse todo en las manos del Señor.

Lo glorioso fue como Dios me usó para bendecir a los hombres que subieron a la montaña en busca de transformación, y juntos vimos la mano de Dios obrar.

Al final del TOP, el director del movimiento se acercó a mí y me invitó a sentarme en la mesa preparada especialmente para algunos miembros del equipo principal. En ese instante, vino a mi mente este versículo del Salmo: "Aderezas mesa delante de mí en presencia de mis angustiadores". Con el corazón lleno de gratitud, reconocí la bondad de Dios en ese momento.

Hoy quiero animarte, sin importar lo que estés enfrentando. Sé fuerte y vence todo lo que se levante contra ti. Sigue orando y buscando Su rostro. Muy pronto verás la recompensa.

DECLARACIÓN DE VIDA:

No moriré, sino que viviré, y contaré las obras de mi Señor. Viviré bendecido, prosperado y en victoria, ¡porque lo mejor de mi vida, está por venir!

ORACIÓN:

Señor amado, sé que no será fácil; habrá oposición en mi camino, pero Tú eres mi pastor y confío en que nada me faltará. Sé que peleas por mí, y veré la recompensa que viene de ti. Solo ayúdame a creer siempre en Ti. Te amo, mi Señor. Amén.

MÚSICA:

“Mi Pastor (feat. Julissa) por Gateway Worship Español

DÍA 16
NO ESTÁS SOLO

Base Bíblica:
Entonces envió el rey allá gente de a caballo, y carros, y un gran ejército, los cuales vinieron de noche, y sitiaron la ciudad. Y se levantó de mañana y salió el que servía al varón de Dios, y he aquí el ejército que tenía sitiada la ciudad, con gente de a caballo y carros. Entonces su criado le dijo: ¡Ah, señor mío! ¿qué haremos? Él le dijo: No tengas miedo, porque más son los que están con nosotros que los que están con ellos. Y oró Eliseo, y dijo: Te ruego, oh Jehová, que abras sus ojos para que vea. Entonces Jehová abrió los ojos del criado, y miró; y he aquí que el monte estaba lleno de gente de a caballo, y de carros de fuego alrededor de Eliseo. Y luego que los sirios descendieron a él, oró Eliseo a Jehová, y dijo: Te ruego que hieras con ceguera a esta gente. Y los hirió con ceguera, conforme a la petición de Eliseo. Después les dijo Eliseo: No es este el camino, ni es esta la ciudad; seguidme, y yo os guiaré al hombre que buscáis. Y los guio a Samaria.

2 REYES 6:15-19 (RVR1960)

Al leer los versículos sobre Eliseo y su criado, podemos conectar su experiencia con lo que vivió el rey David cuando era perseguido por su propio hijo Absalón, una situación que lo llevó a escribir el Salmo 3. Este salmo comienza con estas palabras: "¡Oh Jehová, cuánto se han multiplicado mis adversarios! Muchos son los que se levantan contra mí, muchos son los que dicen de mí: 'No hay para él salvación en Dios'".

A pesar de su angustia, David comprende que no está solo. Por eso, en el verso 6 declara con valentía: "No temeré a diez millares de gente, que pusieren sitio contra mí".

Es importante entender que, en estos días de oración, tampoco estamos solos. Él está con nosotros; Él pelea por nosotros. En este mismo momento, mientras lees este manual, hay ángeles que acampan a tu alrededor con espadas desenvainadas. No estás solo. Dios está contigo y te dice: "No temas, porque yo estoy contigo y peleo por ti. Eres la niña de mis ojos".

DECLARACIÓN DE VIDA:

No moriré, sino que viviré, y contaré las obras de mi Señor. Viviré bendecido, prosperado y en victoria, ¡porque lo mejor de mi vida, está por venir!

ORACIÓN:

Padre, en este momento te pido que me ayudes, que abras mis ojos para poder verte. Quiero confiar en ti y no temer, porque sé que estás de mi lado, abriendo camino. Nada me pasará porque mis enemigos serán confundidos y cegados en el nombre de Jesús. Amén.

MÚSICA:

"Abre mis ojos Oh Cristo" por Casa De Oración

DÍA 17
LA ORACIÓN QUE ESCUCHA EL SEÑOR

Base Bíblica:
A unos que confiaban en sí mismos como justos, y menospreciaban a los otros, dijo también esta parábola: Dos hombres subieron al templo a orar: uno era fariseo, y el otro publicano. El fariseo, puesto en pie, oraba consigo mismo de esta manera: Dios, te doy gracias porque no soy como los otros hombres, ladrones, injustos, adúlteros, ni aun como este publicano; ayuno dos veces a la semana, doy diezmos de todo lo que gano. Mas el publicano, estando lejos, no quería ni aun alzar los ojos al cielo, sino que se golpeaba el pecho, diciendo: Dios, sé propicio a mí, pecador.Os digo que este descendió a su casa justificado antes que el otro; porque cualquiera que se enaltece, será humillado; y el que se humilla será enaltecido.

LUCAS 18:9-14 (RVR1960)

La oración que es escuchada en los cielos es aquella que se hace con humildad. Te felicito por tomar la decisión de ser parte de los 21 Días de Oración, pero esto no significa que seamos mejores que los demás. Simplemente, reconocemos que somos personas necesitadas de Él y que buscamos mejorar nuestras acciones.

La oración, o búsqueda de Dios, debe transformarnos en personas más humildes, sensibles y espirituales, como lo enseñan las Sagradas Escrituras. En Romanos 15:1-2 se nos recuerda: "Ustedes que son espirituales deben ser soporte para los más débiles".

La verdadera oración reaviva en nosotros un espíritu humilde. No nos lleva al orgullo, sino a la humildad. Sigamos el ejemplo de Jesús y evitemos convertirnos en fariseos religiosos. Un corazón humilde nunca es rechazado por el Señor.

DECLARACIÓN DE VIDA:

No moriré, sino que viviré, y contaré las obras de mi Señor. Viviré bendecido, prosperado y en victoria, ¡porque lo mejor de mi vida, está por venir!

ORACIÓN:

Dios amado, te pido que me ayudes a ser humilde y a reconocer que solo tú me puedes justificar. Deseo ser como tú, anhelo tener un espíritu humilde en todo momento. Ayúdame a no juzgar a mi prójimo y concédeme la fortaleza necesaria para ser un apoyo para el débil. Te lo ruego en el nombre de Jesús. Amén.

MÚSICA:

"Yo Quiero Ser Más Como Tu" por Palabra en Acción & Juan Carlos Alvarado

DÍA 18
¿A QUIÉN IRÉ?

Base Bíblica:
Le respondió Simón Pedro: Señor, ¿a quién iremos? Tú tienes palabras de vida eterna. Y nosotros hemos creído y conocemos que tú eres el Cristo, el Hijo del Dios viviente.

JUAN 6:68-69 (RVR1960)

En esta vida, podemos poseer todas las riquezas del mundo, pero sin Jesús en nuestras vidas, nada podremos hacer. Él mismo declaró: "Yo soy el camino, la verdad y la vida" (Juan 14:6). Si deseamos avanzar en este tiempo y alcanzar las metas que nos proponemos, debemos seguir a Cristo y vivir para Él. Solo así podremos experimentar Sus bendiciones.

¿A quién iremos, si solo Él tiene palabras de vida eterna? Por eso es crucial perseverar en Él cada día y en todo momento, sirviéndole con un corazón incondicional. Hay una razón fundamental para hacerlo: nuestra salvación. ¿De qué necesitamos ser salvos? De las asechanzas del diablo, de fracasos, peligros, enfermedades y, en última instancia, de la muerte. Al perseverar, no solo seremos salvos, sino que recibiremos el regalo de la vida eterna.

"Mas el que persevere hasta el fin, este será salvo" (Mateo 24:13, RVR1960).

DECLARACIÓN DE VIDA:
No moriré, sino que viviré, y contaré las obras de mi Señor. Viviré bendecido, prosperado y en victoria, ¡porque lo mejor de mi vida, está por venir!

ORACIÓN:

Señor, sé que sin ti no soy nada. Por eso, quiero servirte hoy con todo mi corazón. Deseo esforzarme cada día para acercarme a ti, vivir para ti, porque ¿a quién iré si solo tú tienes palabras de vida eterna? Te amo, Señor amado, con todo mi corazón. Amén.

MÚSICA:

"¿A Quién Iré?" por Juan Carlos Alvarado

DÍA 19
SI SE HUMILLARE MI PUEBLO

Base Bíblica:
Si se humillare mi pueblo, sobre el cual mi nombre es invocado, y oraren, y buscaren mi rostro, y se convirtieren de sus malos caminos; entonces yo oiré desde los cielos, y perdonaré sus pecados, y sanaré su tierra. Ahora estarán abiertos mis ojos y atentos mis oídos a la oración en este lugar; porque ahora he elegido y santificado esta casa, para que esté en ella mi nombre para siempre; y mis ojos y mi corazón estarán ahí para siempre.

2 CRONICAS 7:14-16 (RVR1960)

En este tiempo nuevo, es fundamental humillarnos para que nuestro Padre Celestial sea glorificado en nosotros, ya sea como individuos, matrimonios, familias o como iglesia. Necesitamos pedir perdón, pues este acto es muestra de humildad genuina. Como lo dice Su Palabra, Él escuchará nuestro clamor, y entonces podremos ver Su bendición manifestarse en nuestras vidas, en nuestros hogares, en nuestras iglesias, en nuestra ciudad y en todo lugar.

"Para que esté en ella mi nombre para siempre; y mis ojos y mi corazón allí para siempre" (2 Crónicas 7:16).

DECLARACIÓN DE VIDA:
No moriré, sino que viviré, y contaré las obras de mi Señor. Viviré bendecido, prosperado y en victoria, ¡porque lo mejor de mi vida, está por venir!

ORACIÓN:

Te pido, Padre eterno, que haya paz en mi corazón, en mi hogar, en mi iglesia, en mi ciudad, en mi nación y en todo el mundo. Escucha el clamor de tu pueblo; necesitamos de ti. Haz resplandecer tu rostro sobre nosotros en el nombre de Jesús. Amén.

MÚSICA:

"Te Pido La Paz" por Jaime Murell

DÍA 20
LA GLORIA POSTRERA

Base Bíblica:
y haré temblar a todas las naciones, y vendrá el Deseado de todas las naciones; y llenaré de gloria esta casa, ha dicho Jehová de los ejércitos. Mía es la plata, y mío es el oro, dice Jehová de los ejércitos. La gloria postrera de esta casa será mayor que la primera, ha dicho Jehová de los ejércitos; y daré paz en este lugar, dice Jehová de los ejércitos.

HAGEO 2:7-9 (RVR1960)

Amados, prepárense, pues desde los cielos se escucha un estruendo, anunciando que viene una gran lluvia de Su gloria para llenar tu vida, tu familia, tu negocio, tus emprendimientos en este tiempo y nuestra iglesia. En este momento, veremos Su poder activando tus dones y talentos de una manera sobrenatural.

Si en otro tiempo experimentaste milagros y sanidades, hoy serás testigo de las maravillas del Padre y lo verás cara a cara. Si alguna vez tuviste sueños de Dios, hoy recibirás visiones y revelaciones directamente de Él. Verás cumplirse en tu vida la palabra dada por Dios al profeta Jeremías: "...y te enseñaré cosas grandes y ocultas que tú no conoces" (Jeremías 33:3).

Ha llegado tu tiempo. Ascenderás a otro nivel y caminarás en nuevas dimensiones, aquellas a las que el Señor te ha llamado. Serás cabeza y no cola. Avanzarás de gloria en gloria, de victoria en victoria, porque Él irá delante de ti, abriendo camino. Avanza sin temor, pues ha llegado el tiempo del Señor sobre tu vida.

Cantares 2:11-13:
"Porque he aquí ha pasado el invierno,
Se ha mudado, la lluvia se fue;
Se han mostrado las flores en la tierra,
El tiempo de la canción ha venido,
Y en nuestro país se ha oído la voz de la tórtola.
La higuera ha echado sus higos,
Y las vides en cierne dieron olor;
Levántate, oh amiga mía, hermosa mía, y ven."

DECLARACIÓN DE VIDA:

No moriré, sino que viviré, y contaré las obras de mi Señor. Viviré bendecido, prosperado y en victoria, ¡porque lo mejor de mi vida, está por venir!

ORACIÓN:

Señor, hoy simplemente quiero decirte: "Heme aquí, envíame a mí... Ministra en mí, precioso Espíritu Santo."

MÚSICA:

"Ven y Llena Esta Casa" por Vino Nuevo

DÍA 21

LO MEJOR DE TU VIDA ESTÁ POR VENIR

Base Bíblica:
Porque yo conozco los planes que tengo para ustedes —afirma el Señor—, planes de bienestar y no de calamidad, a fin de darles un futuro y una esperanza. Entonces ustedes me invocarán, vendrán a suplicarme y yo los escucharé. Me buscarán y me encontrarán cuando me busquen de todo corazón.

JEREMÍAS 29:11-13 (NVI)

Primero, quiero agradecerte por tu perseverancia durante estos 21 días de oración, consagración, búsqueda y entrega al Señor. Estoy seguro de que, en este tiempo, nuestro buen Padre ha estado obrando en lo más profundo de tu corazón para transformarte, ya que estás dispuesto a ver algo nuevo. Para entrar en una nueva temporada y caminar en otra dimensión, es importante seguir el verdadero camino que nos lleva al éxito, y ese camino es Jesús.

Mientras escribo este último estudio, estoy siendo tocado por el Espíritu Santo. Con lágrimas en mis ojos, siento la presencia gloriosa del Padre a mi alrededor. Esta gloria se traduce en una verdad profunda: LO MEJOR DE TU VIDA ESTÁ POR VENIR. No temas, yo estoy contigo. Quiero transferir esta gloria a tu vida en este mismo instante, mientras lees este último capítulo. El Padre susurra a tus oídos: "Hijo, hija, LO MEJOR DE TU VIDA ESTÁ POR VENIR. NO TEMAS, YO ESTOY CONTIGO."

DECLARACIÓN DE VIDA:

No moriré, sino que viviré, y contaré las obras de mi Señor. Viviré bendecido, prosperado y en victoria, ¡porque lo mejor de mi vida, está por venir!

ORACIÓN:

En este último capítulo, no te dirigiré a la oración; simplemente comienza a fluir delante del Señor, porque lo mejor de tu vida comienza hoy.

MÚSICA:

"YAHWEH SE MANIFESTARA" por Alexander 1911
"Algo Grande Viene" por Jose Luis Reyes